글쓴이 **캐서린 바**는 생태학을 전공한 뒤 그린피스에서 활동하다가,
자연사 박물관 에디터가 되었어요. 박물관에서 과학자들과 함께 대형 천체 지도로 벽을 장식하고,
신화와 괴물, 공룡을 주제로 전시회를 준비하는 등 다양한 작업을 진행했어요.
지금은 논픽션 작가로서 '작은 아이들을 위해, 큰 주제로' 글쓰기를 즐겨요.

글쓴이 **스티브 윌리엄스**는 열정적인 아마추어 천문학자예요.
과학 교사로 일하며 천문학에 대한 열정을 학생들과 나눠요. 윌리엄스가
이끄는 천문학 동아리 소속 학생들은 국제 우주 정거장 우주 비행사인 팀 피크와 대담도 하고,
하와이에 있는 포크스 망원경을 이용해서 은하도 관찰하고, 자력 탐지기로 오로라도 찾아냈답니다.

그린이 **에이미 허즈번드**는 리버풀예술학교에서 그래픽아트를 공부했어요.
첫 그림책 《디어 미스》(Dear Miss)로 2010년 캠브리지셔 어린이 그림책상을 받았고,
같은 시리즈인 《디어 산타》(Dear Santa)를 쓰고 그렸어요.

옮긴이 **황세림**은
서울대학교 미학과를 졸업하고, 같은 학교 대학원에서 비교 문학 협동 과정을 수료했어요.
옮긴 책으로 《스룰릭》, 《아빠는 내 맘을 몰라》, 《말랄라, 우리가 세상을 바꿀 수 있어요!》 등이 있어요.

| 교양학교 그림책 |

신비하고 아름다운 우주

초판 1쇄 2017년 12월 15일 | 초판 4쇄 2020년 11월 17일
글쓴이 캐서린 바, 스티브 윌리엄스 | 그린이 에이미 허즈번드 | 옮긴이 황세림 | 펴낸이 황정임 | 펴낸곳 도서출판 노란돼지
경기도 파주시 문발로 115(파주출판문화정보산업단지), 307 (우)10881 | 전화 (031)942-5379 | 팩스 (031)942-5378
등록번호 제406-2009-000091호 | 등록일자 2009년 11월 30일 | 편집 김성은 | 경영지원 손향숙 | 디자인 이재민

도서출판 노란돼지는 독자 여러분의 의견을 기다립니다. yellowpig.co.kr
ISBN 979-11-5995-028-5 77440

이 도서의 국립중앙도서관 출판시도서목록(CIP)은 e-CIP 홈페이지(http://www.nl.go.kr/ecip)에서 이용하실 수 있습니다.
(CIP제어번호: CIP2017031345) 값은 표지 뒷면에 있습니다.

제조국 대한민국 | **사용연령** 5세 이상 | **주의사항** 종이에 베이거나 긁히지 않도록 조심하세요. 책 모서리가 날카로우니 던지거나 떨어뜨리지 마세요.

신비하고 아름다운 우주

처음 떠나는 우주 여행

캐서린 바, 스티브 윌리엄스 지음
에이미 허즈번드 그림, 황세림 옮김

대폭발 전에는 아무것도 없었어요.

은하도, 별도, 행성도, 생명도.
시간도, 공간도, 빛도, 소리도.

그러다 갑자기 모든 게 시작되었지요.

몹시 작고 뜨거운 점이 나타나더니
순식간에 커져 버렸어요.
작은 점 속에 있던 것들이
'암흑에너지'라는 낯선 힘에 밀려
'뻥' 하고 터져 나왔어요.

약 138억 년 전에 대폭발로 탄생한
신비하고 아름다운 공간이
바로 '우주'랍니다.

거센 폭발의 열기가
점점 식어 갔어요.

폭발로 생긴 입자들이
원자라는 자그마한 물질을 이루었어요.
원자는 가스와 먼지를 이루었고요.
가스가 엉키고 뭉치면서
점점 뜨거워지더니
활활 타오르며 빛을 내기
시작했어요.

138~131억 년 전 • • • • • • • • • •

이렇게 빛을 내는 소용돌이 구름에서
최초의 별들이 태어났지요.
갓 태어난 별들이 무리 지어
헤아릴 수 없는 은하를 이루며
조용히 반짝였어요.

우주에는 수많은 은하가 있어요.
우리 태양과 지구가 속한
우리 은하 외에도 몇 천 억 개나
흩어져 있어요.

시간이 흐르면서, 수많은 별이 우주를 밝혔어요. 별들도 사람처럼 태어나고 늙고 죽는답니다.

하지만 사람과 달리 수십억 년을 사니까,
우주가 생기고 얼마 안 되어 태어난 별 중에 지금까지도
반짝이는 별이 많아요.

별들은 일생 동안 무지개 색으로 빛나요.
가장 뜨거운 별은 푸르스름해 보여요.
반면에 별이 차가울수록 흰색, 노란색, 붉은색을 띠지요.
덩치가 큰 거인별도 있고, 작은 난쟁이별도 있어요.
그중에서 붉은 난쟁이별이 가장 흔해요.

131~45억 년 전 ··········

시간이 흐르면 별도 죽음을 맞이해요.
가벼운 별은 점점 부풀어 붉은 거인별이 되었다가,
하얀 난쟁이별로 오그라든 뒤에는 빛을 잃고 사라져요. 무거운 별은
폭발해서 모든 것을 빨아들이는 블랙홀로 변한답니다.
우주에서 가장 나이 든 별은 'HD 140283'.
이 별은 나이가 136억 살이 넘을 거라고 추정해요.

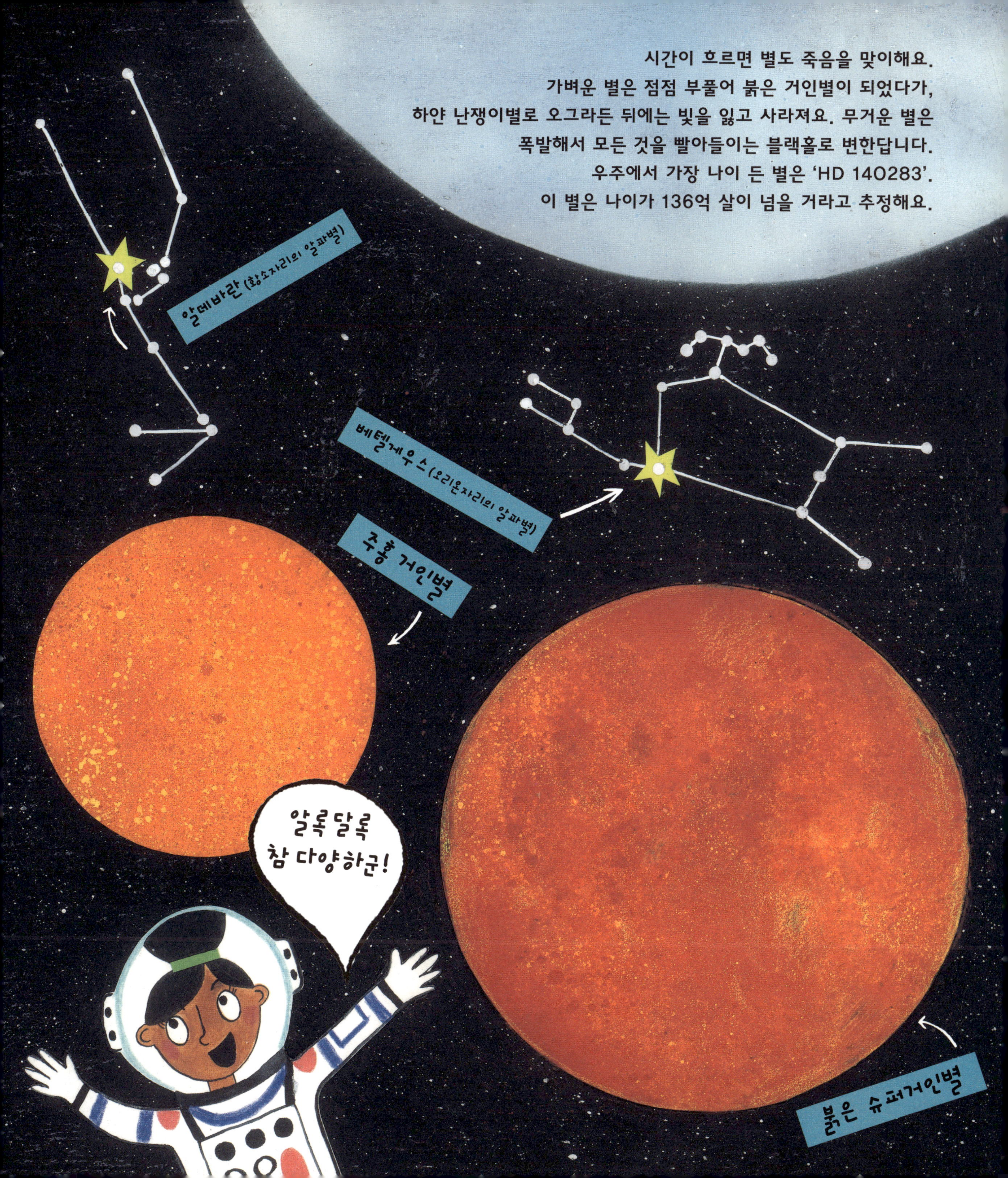

흑점
뜨거운 가스 고리
태양풍을 조심해야 해!
앗, 정말 뜨거워!
45억 년 전 ··········

대폭발 이후 시간이 한참 흐르고
눈부신 노란 별이 태어났어요. 바로 우리 태양이에요.

이 불타는 가스 덩어리는 아주 거대해서 그 안에 지구를 백만 개도 넘게 넣을 수 있어요.

우리 태양은 무지무지 뜨거워요. 표면 온도는 약 5,500도, 그 안에 주위보다 온도가 낮아서 검게 보이는 흑점의 온도도 약 3,700~4,200도예요. 태양 중심부의 온도는 무려 1,500만 도에 달하고요.

앗,
뱅글뱅글
돈다!
화성 Mars
수성 Mercury
지구 Earth
금성 Venus
태양 Sun
45억 년 전 ··········

시간이 흐르면서
태양이 생기고 남은 먼지와 가스가
뭉쳐져 행성이 되었어요.

갓 태어난 행성이 태양 주위를 쌩쌩 돌았어요.
우리 태양계에는 여덟 개의 행성이 있어요.
그중에서 가장 큰 행성은 목성이고요.
가장 작은 행성은 수성이에요.
토성은 아름다운 띠를 가진 것으로 유명해요.
화성은 지구를 빼고 생명체가 살 가능성이 있는
유일한 행성이에요.
해가 진 뒤 새벽녘 발견할 수 있는
금성은 '샛별'이라고도 해요.

혜성도 태양 주위를 쌩쌩 날았어요.
혜성은 돌과 얼음으로 이루어진 덩어리예요.
옛사람들은 혜성을 불길한 징조로 여겼어요.

돌과 금속으로 이루어진 소행성도 태양 주위를 돌았어요.
상당수는 지구 표면에 충돌했어요. 그 바람에
지구 표면이 뜨겁게 달궈지고 돌과 바위가 녹아서
끝없이 부글거리는 용암 바다를 이루었어요.

지구가 생기고 얼마 안 되어서
행성만 한 소행성이 우주를 뚫고 날아와 지구에 부딪쳤어요.
우주로 튕겨나간 돌과 바위가 한데 뭉쳐서
차가운 먼지투성이 달이 되었지요.

소행성
혜성 꼬리
소행성대

엄청난 충돌 때문에 지구도
영향을 받았어요.
태양을 마주 보는 지구의 축이
비스듬히 기울어진 거예요.

오늘날, 지구는 기울어진 채로
1년에 걸쳐 태양 둘레를 돌지요.
지구의 축이 기울어지지 않았다면
계절의 변화가 없을 거예요.
또, 많이 기울었다면 계절의 변화가
너무 컸을 거예요.
지구의 축이 딱 알맞은 정도로 기울어져서
생물이 살기에 적당한 환경이 되었어요.

40억 년 전 ··········

지구가 자전하니까
지구 곳곳은 끝없이
태양을 향했다 등졌다 해요.
그래서 세상 어디서나
밤낮이 되풀이되지요.

지구의 온도가 떨어지면서 지표면을 뒤덮은 용암이 굳어 단단한 바위가 되었어요.

수천 년 동안 비가 내리면서 드넓은 바다도 생겼어요.
바다에 최초의 생명체가 나타났고,
단세포 생물들이 산소를 만들어 내기
시작했어요.
산소는 오늘날 우리가
숨 쉬는 데 필요한
기체예요.

산소가 널리 퍼지면서 수십억 년에 걸쳐 청록색 지구에 생명이 폭발적으로 늘었어요.

때때로 소행성이나 혜성이 지구에 충돌해서 모든 생명을 거의 파괴하다시피 했어요. 하지만 일부 동식물은 살아남아 여기저기 퍼졌어요. 그리고 불과 3백만 년 전에 새로운 동물이 나타났어요. 바로 '인간'이에요! 지구가 150살 노인이라면 인간은 태어난 지 두 달도 채 안 된 아기지요.

5억 년 전~현재 ··········

지구 생물은 대기에 의존하며 살아가요.
대기는 지구를 둘러싼 얇은 가스층이에요.
인간을 비롯한 생물이 살아가는 데 필요한 온기와 산소를 가두는 역할을 하지요.

우리 태양계의 다른 행성들도 대기가 있어요.
수성은 대기를 붙들어 두기 힘들 만큼 크기가 작아 대기가 거의 없지만요.

대기 성분은 지구와 전혀 달라요.
금성과 화성은 주로 이산화탄소고,
목성, 토성, 천왕성, 해왕성은 주로 수소와 헬륨이에요.
지구는 질소와 산소가 대부분이고,
이곳의 생물들은 거의 산소로 숨을 쉬며 살아가지요.

은하수
저 별은
나의 별!
5천 년 전~현재 • • • • • • • • • • •

천문학자들은 별을 보면서 우주를 탐구하기 시작했어요.
망원경이 발명되자 천문 연구에 큰 보탬이 되었지요.

망원경은 1608년에 네덜란드의 안경 제조업자가 발명했어요.
그 이듬해에 갈릴레오 갈릴레이가 네덜란드의 망원경을 토대로 천체 망원경을 발명했지요.
천문학자들은 달의 분화구를 발견하고 토성의 고리도 발견했어요.
우주가 몹시 신비로운 데다 계속 변한다는 것도 알게 되었지요.
그리고 시간이 흐르면서 차츰 수학과 지도를 이용해서 우주를 이해해 나갔어요.

천문학자들은 우리 은하에 속한 별들을 천체 지도로 나타내고,
하늘에 거미줄처럼 뻗은 무수히 많은 다른 은하도 관측했어요. 행성 둘레를 도는 달도 보고,
항성 둘레를 도는 행성도 보았는데, 하나같이 질서 정연했어요.

천문학자들은 이상한 힘이 우주 만물에 작용한다는 사실을 알아냈어요.

질량이 있는 모든 물질은 서로
끌어당기는 힘이 있어요.
이 힘이 중력이에요.
별들도, 별들의 무리인 은하도
중력이 있어요.

지구에서 중력은 사람들이
우주로 떨어지지 않게 막아 주지요.
우주에서 중력은 행성을 항성 주위로
끌어당기고 항성을 거대 블랙홀 주위로
끌어당겨서 은하를 형성하지요.

블랙홀은 컴컴하고 이상한 곳이에요.
중력이 너무 강해서 빛까지 모두 빨아들인답니다.

우주 개 라이카
지구
1942~1969년

**마침내 과학자들은
지구 중력을 벗어나는 방법을 찾아냈어요.
로켓을 타고 날아오르는 거지요.
바야흐로 우주 경쟁이 시작됐어요.**

처음에는 동물이, 그 다음에는 사람이 로켓에 탑승했어요.
1947년 초파리를 로켓에 태워 보낸 것을 시작으로
원숭이, 침팬지, 쥐, 개 등이 우주로 보내졌어요.
그중 우주 개 라이카는 사상 최초로 우주 비행에 성공한
동물 우주 비행사예요.
처음 우주로 간 남성은 유리 가가린, 여성은 발렌티나 테네시예요.
둘 다 러시아 사람이에요.
로켓을 타고 지구를 한 바퀴 도는 데에 두 시간도 안 걸렸어요.

1969년 7월 16일, 아폴로 11호는 우주 비행사 세 명을 태우고 지구를 떠났어요.

1969년 7월 20일, 선장 닐 암스트롱과 조종사 에드윈 올드린이 달 착륙선 이글호를 타고 달에 발을 내디뎠어요. 조종사 마이클 콜린스는 사령선을 타고 달 궤도를 돌며 기다리고 있었지요.

우주 비행사들은 먼지로 덮인 달 표면에서 껑충거렸어요. 달은 지구보다 훨씬 작아 중력도 약하기 때문이에요. 그래서 우주복을 입고 수영장에서 미리 연습도 했어요. 물속에서 떠다니는 느낌이 달에서 걷는 느낌과 약간 비슷하니까요.

우주 비행사들은 사진을 찍고 먼지를 모으고, 지구에 전화를 걸었어요.
먼지로 덮인 달 표면에 발자국도 남겼어요.
1969년 7월 21일, 달 탐사를 마친 우주 비행사들은
무사히 지구로 돌아왔답니다.

세계 여러 나라가 우주 탐사를 위해 힘을 합치기 시작했어요.

공동으로 국제 우주 정거장을 세웠지요. 현재의 국제 우주 정거장은 전 세계의 16개 나라가 참여하고 있어요. 그곳에서 우주 공간을 무대로 온갖 실험을 한답니다.

오늘날 지구 주위에는 우주 쓰레기가 아주 많아요.
우주 쓰레기란 수명이 다한 인공위성, 로켓이나 우주 왕복선에서 떨어져 나온 조각들처럼 우주 공간을 떠도는 크고 작은 인공적인 물체를 말해요.

일부 과학자들은 인공위성이나 우주 쓰레기가 점점 늘고 충돌 위험도 높아져 결국에는 인공위성을 이용할 수 없는 상황이 될 거라고 예상해요.
그런 만큼 세계 여러 나라에서는 우주 쓰레기를 치우는 '청소 위성'을 개발하는 등 이 문제를 해결하기 위한 다양한 방법을 연구하고 있답니다.

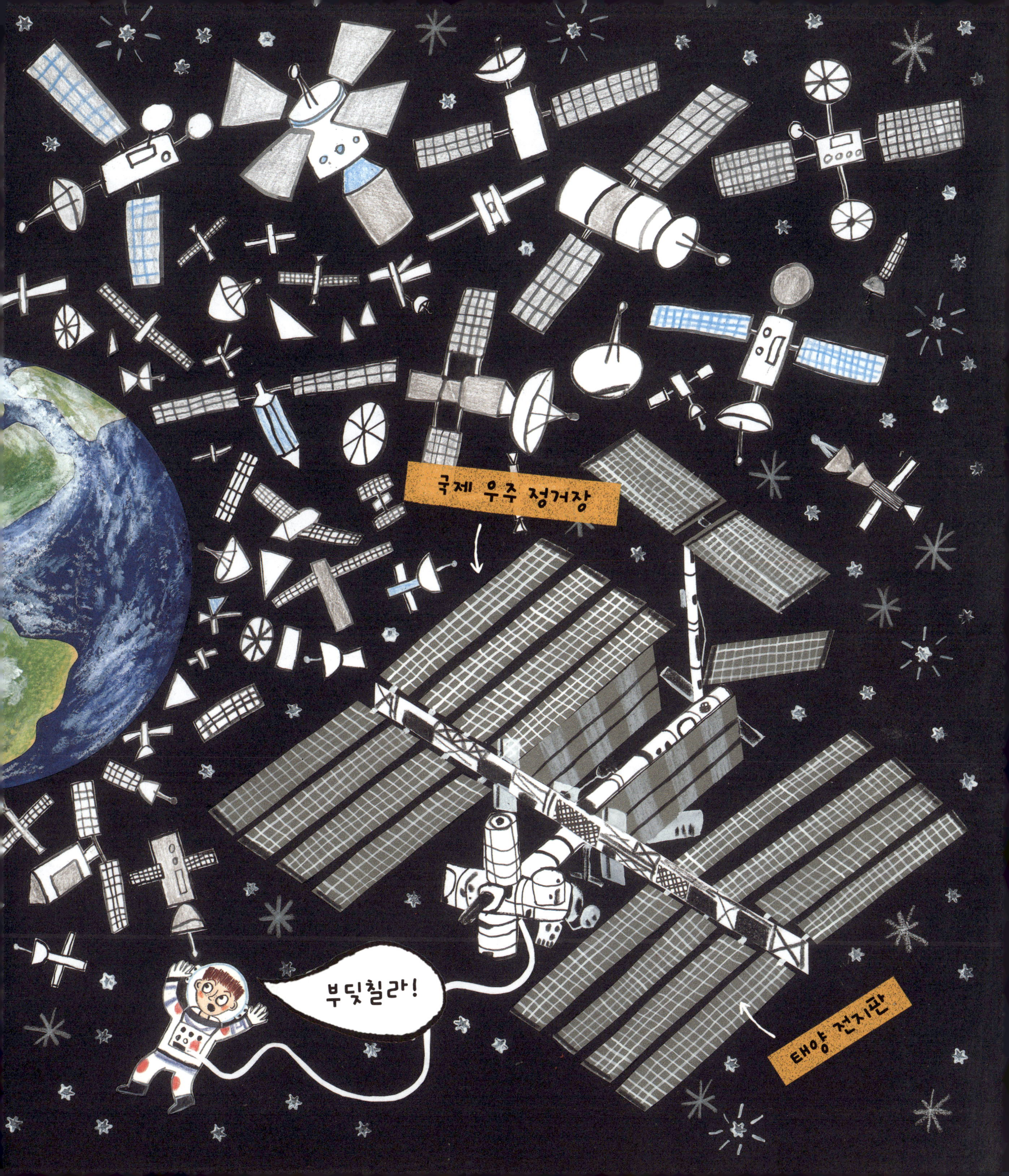
국제 우주 정거장
부딪칠라!
태양 전지판

우주 탐사에서 가장 해결하기 어려운 문제는 시간과 거리예요. 우리 은하 끝에 도달하는 데만도 40억 년이 걸려요.

머지않아 우주 여객선이 활발히 만들어지고 사람들이 우주로 휴가를 떠나는 시대가 올 거예요. 우주 비행사들은 언젠가 화성에 무사히 착륙할 날이 오기만을 기다려요.

뭐니 뭐니 해도 흥미로운 건
다른 생명체를 찾아 달과 행성을
탐사하는 일이에요.
이 넓은 우주에 달랑 우리만 있을 리가 없잖아요.
자, 그럼 탐험을 시작해 볼까요?
우주라는 특별한 공간을 둘러싼 신비를 파헤치면서
무엇을 발견하게 될지는 아무도 모르는 일이니까요.

138억 년 전 · · · 대폭발로 인해 우주가 생겨났다.

138~131억 년 전 · · · 최초의 별들이 태어났다.

알아 두면 좋은 우주 관련 용어

궤도 – 천체가 다른 천체 둘레를 돌면서 그리는 곡선 길.

달 – 행성 둘레를 공전하는 천체.

대폭발(빅뱅) – 시공간이 시작되고 우주가 탄생한 순간.

별(항성) – 아주 뜨거운 가스 덩어리. 빛과 에너지를 내뿜는다.

블랙홀 – 중력이 몹시 강해서 빛마저 빨아들이는 우주 공간.

산소 – 공기의 약 5분의 1을 차지하는 기체.
대다수 생물에게 생존과 성장에 필요한 에너지를 공급한다.

소행성 – 태양 둘레를 공전하는 돌과 금속으로 된 덩어리.

알파별 – 어느 한 별자리를 이루는 별들 중에서 가장 밝게 보이는 별.

암흑에너지 – 우주 만물을 멀리 밀어내는 힘. 대폭발로 생겨났고 지금도 작용하고 있다.

우리 은하 – 우리 태양계가 속한 은하.

우주 – 대폭발로 만들어진 공간. 존재하는 모든 것을 포함한다.

우주 비행사 – 우주에 가서 탐험하는 사람.

원자 – 우주 만물을 구성하는 가장 작은 단위.

위성 – 우주에서 다른 행성 주위를 도는 천체.

1969년 · · · 달 착륙선 '이글'호가 달에 도착했다.

1970년대 · · · 세계 여러 나라가
우주 탐사를 위해 힘을 합쳤다.

현재 · · · 수백 개 인공위성이
지구 둘레를 돌고 있다.

미래 · · · 이 넓은 우주의 신비를
탐험하는 것은 우리의 몫!

131~45억 년 전 · · · 수많은 별이 우주를 밝혔다.
별들도 태어나고 늙고 죽는다.

45억 년 전 · · · 눈부신 노란 별, 우리 태양이 태어났다.
태양 근처의 먼지가 모여 행성을 이루었다.

은하 – 수백, 수천억 개의 별과 가스와 먼지가 중력에 이끌려 이룬 무리.

은하수 – 맑은 밤하늘에 보이는 은빛 띠 같은 별 무리. 지구에서 보이는 우리 은하의 모습이다. 마치 은빛 강 같다고 해서 '은하수'라고 불린다.

중력 – 물체가 서로 끌어당기는 힘.

천문학자 – 별과 행성을 연구하는 사람.

태양계 – 우리 태양과 그 주위를 공전하는 천체의 집합. 물론 지구도 포함된다.

혜성 – 얼음과 먼지, 돌로 이루어진 덩어리. 태양 둘레를 공전한다. 태양에 가까워질수록, 먼지와 얼음으로 된 꼬리가 길어진다.

40억 년 전 · · · 거대한 소행성이 지구에 충돌해서 달이 생겼다.

38억 년 전 · · · 땅과 바다가 만들어졌다.

5억 년 전 · · · 대기에 의존해 살아가는 지구 생물이 폭발적으로 늘었다.

5천 년 전 · · · 천문학자들이 처음 우주를 탐구하기 시작했다.

1942~1969년 · · · 우주 경쟁이 시작되었다.
1969년, 아폴로 11호가 달로 떠났다.